LA RÉVÉRENDE MÈRE

MARIE DE LA PROVIDENCE

FONDATRICE

DE LA SOCIÉTÉ DES AUXILIATRICES

DES AMES DU PURGATOIRE

(1825-1871)

PARIS

LIBRAIRIE LECOFFRE

J. GABALDA et Fils, Éditeurs

RUE BONAPARTE, 90

1928

LA RÉVÉRENDE MÈRE
MARIE DE LA PROVIDENCE

NIHIL OBSTAT

Lutetiae Parisiorum, die 10ᵃ Octobris 1927.

R. COMPAING, s. j.

IMPRIMATUR

Lutetiae Parisiorum, die 20ᵃ Octobris 1927.

† EUGENIUS JACOBUS,

episc. Trallian.

LA RÉVÉRENDE MÈRE

MARIE DE LA PROVIDENCE

FONDATRICE

DE LA SOCIÉTÉ DES AUXILIATRICES

DES AMES DU PURGATOIRE

(1825-1871)

PARIS

LIBRAIRIE LECOFFRE

J. GABALDA et Fils, Éditeurs

RUE BONAPARTE, 90

—

1928

PRÉPARATION DIVINE

> Voici mon élu ; en lui s'est complue mon
> âme ;... moi, le Seigneur, je t'ai établi...
> afin de retirer du cachot le captif enchaîné,
> du fond de la prison, ceux qui étaient dans
> les ténèbres.
>
> (ISAÏE, XLII, 1-7.)

Dans la vie des Saints, ce qui fixe surtout l'attention, ce sont les touches directes de la grâce de Dieu
sur leurs âmes. Il y a là, pour l'esprit humain, si justement avide de lumière, comme des percées sur l'au-
delà qui avivent notre foi et nous rapprochent en
quelque sorte de l'invisible. A cela, sans doute, la vie
de la Mère Marie de la Providence doit son charme et
son succès[1]. Chez elle, en effet, ces touches divines
sont de tous les instants et, sans faits à proprement
parler extraordinaires, elles impliquent une emprise
de Dieu si marquée, une conduite si pleine de sollici-
tude, que la bonté toute-puissante du Père des Cieux
s'y voit à découvert. De son côté, cette âme simple et
docile aux motions divines, les met singulièrement

---

1. L'ouvrage très apprécié : « *les Auxiliatrices des Ames du Purgatoire, R^{de} Mère Marie de la Providence* », par le P. Hamon S. J. a su
déjà révéler à beaucoup la vie et l'œuvre de la Fondatrice. Plusieurs pas-
sages de cette notice en sont extraits.

en relief. Toute de foi spontanée et de piété expansive, elle se meut comme naturellement dans le surnaturel, elle entraîne, charme et captive. Enfant gâtée de Dieu, elle lui demande tout, lui pose au besoin ses conditions, reçoit mille preuves palpables de sa bonté qu'elle s'efforce de payer d'un généreux retour : telle est Marie de la Providence, bien nommée en vérité, nul autre nom ne la définirait mieux.

C'est à Lille, le 25 mars 1825, que naquit Eugénie-Marie-Josèphe Smet, dans l'une des meilleures familles du nord de la France, et où l'esprit chrétien préside à toute la vie. La grâce du Baptême, reçu le jour même de sa naissance, pouvait, dans ce milieu, s'épanouir en fruits précoces ; aussi, de bonne heure, Dieu allait investir la jeune âme de sa mission sainte : du fait de l'impiété révolutionnaire en France, d'innombrables fondations de Messes et de legs pieux en faveur des défunts avaient été abolis ; comme pour y suppléer, Il inspire à cette enfant de six ou sept ans, une tendre compassion pour les âmes du Purgatoire, afin de réaliser par elle, un jour, selon le mot du saint Curé d'Ars, « *une pensée d'amour de son Divin Cœur* » : la fondation d'un Institut pour leur soulagement et leur délivrance.

Eugénie vit heureuse et gaie au foyer paternel ; nul deuil de famille n'est venu assombrir ses sept ans, pourtant, un jour, lancée à la tête d'une bande joyeuse à la poursuite des papillons, elle s'arrête court : « Savez-vous à quoi je pense?... Si l'une de nous était dans une prison de feu et qu'il nous fût possible de l'en faire sortir en disant un mot, comme nous le ferions vite, n'est-ce pas ?... » — Et tandis que toutes les fillettes la regardent, étonnées : « Voilà pourtant ce qu'est le Purgatoire, reprend-elle; les âmes sont dans une prison de feu, mais le Bon Dieu, qui les tient enfermées, ne demande qu'une prière pour leur ouvrir, et cette prière, nous ne la disons pas!... » — Et, bien vite, elle reprend sa course; mais Dieu avait passé et l'empreinte était mise, elle ne s'effacerait pas.

Toutefois, ce n'est pas tout; le Maître divin va achever de tracer, dans l'âme de son élue, la forme définitive de son plan d'amour : Eugénie, si petite encore, se sent saisie par les grands attributs divins : Sagesse, Puissance, Bonté; et le dogme de la Providence, qui les résume si bien, devient dès lors son ardente dévotion. Sa compassion pour les âmes souffrantes s'en trouve grandie d'autant, car, à Celui de qui elle reçoit tout, son âme généreuse veut rendre quelque chose : « Mon Dieu, s'écrie-t-elle, vous êtes ma Providence; ah! si je pouvais un jour être la vôtre!... » — Bientôt la lumière jaillit en cette âme d'enfant : « Voici comment je serai la Providence du Bon Dieu — Il aime tant les âmes du Purgatoire et ne peut les délivrer à cause de sa justice; eh bien! moi, je lui donnerai ces âmes qu'Il aime et je demanderai à tout le monde de lui en donner par des prières, par de petits sacrifices; je dirai : Soyez donc la Providence du Bon Dieu puisqu'Il est votre Providence; ne voulez-vous pas lui donner quelque chose, à Lui qui vous donne tout?... » — Ainsi, la pensée divine se précise dans l'âme d'Eugénie : elle veut soulager les âmes du Purgatoire en vue de sa *chère Providence,* dans le but dernier de l'amour de Dieu, de la joie à donner au Cœur de Jésus; c'est ici le terme de sa dévotion : la *délivrance des âmes du Purgatoire pour la plus grande gloire de Dieu.*

Son intuition d'enfant, à son tour, se précisera un jour ainsi : en délivrant les âmes du Purgatoire, elle devancera le moment, où, ces âmes, parvenues au terme, pourront rendre à Dieu toute la louange dont leurs mérites lès ont rendues capables. Ainsi Dieu n'aura pas à attendre cette gloire accidentelle, qui, autrement, eût été différée pendant longtemps peut-être.

Toujours sous l'impression de cette pensée, elle écrira plus tard à la première page du livre des Exercices spirituels : « S'immoler pour procurer la plus grande gloire de Dieu par la délivrance des âmes du Purgatoire, telle est notre vie. » — « Donnons beaucoup aux âmes du Purgatoire, dira-t-elle, non pas pour elles-mêmes, mais pour la plus grande gloire de Dieu. » — Et encore : « Dans les épreuves, n'oublions pas notre vocation merveilleuse qui travaille dans les flammes du Purgatoire pour la plus grande gloire de Dieu! »

Dès ses premières années, donc, entre Eugénie et la Divine Providence, s'établit un ineffable commerce d'incessant recours d'une part, de faveurs renouvelées de l'autre. Petite pensionnaire au Sacré-Cœur, elle se voit menacée d'être, pour un jour de fête, reléguée au dernier rang de la chapelle, car il a été stipulé un peu tardivement que les élèves vêtues de blanc seraient placées en avant; la pauvre petite en est consternée; elle tient tant à sa place au premier banc, tout près de l'autel! et sa robe blanche est chez ses Parents qui habitent la campagne; elle ne peut songer à la demander dans ce trop court espace de temps; mais la Divine Providence est là; elle se jette à genoux : « O ma chère Providence, s'écrie-t-elle, je vous en prie, envoyez-moi une robe blanche!.. je vous aimerai toujours, et j'attendrai tout de vous, depuis les plus petites choses jusqu'aux plus grandes, depuis une épingle, jusqu'au ciel!!... » — Montant le soir au dortoir, la petite fille sentait son cœur battre bien fort, car elle était certaine d'être exaucée. Sa confiance ne la trompait pas : la robe tant désirée était là, en effet, déposée sur son lit. Eugénie disait plus tard qu'il lui semblait avoir vu Dieu Lui-même dans cette délicatesse de sa tout aimable Providence. Combien de fois ne lui sera-t-il pas donné de le revoir dans des faveurs plus marquées encore!...

Le Seigneur, qui prépare d'une manière admirable les instruments de sa gloire, n'avait pas ménagé à la jeune apôtre du Purgatoire les qualités naturelles propres à donner de l'ascendant : physionomie remarquablement spirituelle et expressive où se reflétait toute la bonté de son cœur, intelligence vive et élevée, avec une gaieté, un abandon qui lui attiraient l'affection générale. Elle usait de tout cela pour plaider déjà au pensionnat la cause des pauvres âmes délaissées, et ses accents persuasifs obtenaient la rançon de prières et de sacrifices qu'elle-même avait su depuis longtemps s'imposer.

II

LA FONDATRICE

Elle avait un grand cœur et elle savait
vouloir (MACH. II, c. I, 3).
(Choisi par le P. Olivaint pour épitaphe
de la Mère de la Providence.)

L'une des Maîtresses d'Eugénie, la voyant chaque jour s'arracher au jeu pour se rendre à la chapelle, lui demanda quelle prière elle faisait : « Madame, répondit l'enfant, je dis les Litanies du Saint-Esprit pour être éclairée sur les vanités du monde, et le *Veni Creator* pour connaître ma vocation... » — L'Esprit-Saint avait pleinement répondu à cet appel, et, à dix-huit ans, la jeune fille n'aspirait qu'à se consacrer au Seigneur dans la vie religieuse; mais, Dieu avait son heure et la santé délicate d'Eugénie fut le moyen dont Il se servit pour la faire attendre. Sa gloire n'y devait rien perdre, car cette âme était de celles qui comprennent que la vie ne vaut que par le don de soi aux intérêts divins. Aussi, dès sa sortie du pensionnat, on la voit se livrer au bien tout entière : les pauvres, autour d'elle, sont les premiers bénéficiaires de sa charité; puis, les autels, pour lesquels sa foi ne trouve rien de trop beau; l'œuvre de la Sainte-Enfance, celle des pauvres Maro-

nites, la Salette, le bagne de Toulon..., tout stimule
son zèle; tous y font appel : du Japon, de Jérusalem...,
elle est connue comme « la *mine d'or de Lille* »; à
défaut de sa bourse de jeune fille, souvent vide, n'a-
t-elle pas, en effet, avec son ingénieux dévouement le
riche fonds de la Providence?... — « Je n'avais que
deux lots en commençant ma loterie, écrit-elle : une
boîte de mince valeur et ma confiance en la Providence;
mais celui-ci m'en a valu 849 autres... » Bien entendu,
ses chères âmes du Purgatoire ont leur part : de
concert avec une de ses amies dont la pensée s'est
providentiellement rencontrée avec la sienne (preuve
qu'elle avait demandée comme signe de la volonté
divine), elle conçoit le plan d'une association de prières
et de sacrifices en faveur des défunts, et commence
aussitôt à l'organiser. — Vraiment, ne peut-on pas dire
déjà d'Eugénie Smet ce que le Père Olivaint dira de
la Mère de la Providence : « Elle avait un grand cœur
et elle savait vouloir [1]?... »

L'heure était venue, d'ailleurs, où ce cœur allait se
dilater encore pour embrasser l'œuvre voulue de
Dieu; certes, elle l'avait, jusqu'ici, servi avec générosité
et amour; mais, être appelé à consacrer sa vie au
soulagement et à la délivrance des âmes du Purgatoire,
c'est être appelé à lui faire de soi-même le don le plus
complet possible : c'est, non seulement se dévouer
pour les vivants, mais encore se dépouiller pour les
défunts de tout le fruit satisfactoire de ses œuvres. —
Le 2 novembre 1853, pendant son action de grâces,

1. MACH. II, c. I, 3.

Eugénie se sent tout à coup pénétrée par une inspiration subite : « Il y a, se dit-elle, des Communautés qui répondent à tous les besoins de l'Église militante, mais il n'y en a aucune qui soit entièrement consacrée à l'Église souffrante... » — Remplie d'une émotion profonde, elle se sent appelée à combler cette lacune et, d'un coup d'œil, mesure l'étendue des sacrifices qu'il lui en coûtera. Toute spontanée et résolue qu'elle est par nature, cette âme, devant la motion divine, se fait humblement défiante d'elle-même : à Dieu, d'abord, avec l'audacieuse confiance qui lui est propre, elle demande cinq preuves : 1° la réussite de son Association pour les défunts ; 2° la bénédiction du Saint Père pour cette œuvre ; 3° l'approbation de l'Archevêque de Cambrai ; 4° le concours de cinq personnes s'unissant à elle pour la fondation de son Institut ; 5° enfin, la rencontre d'un prêtre qu'elle ne connût pas auparavant, animé de la même pensée en faveur des âmes du Purgatoire. Puis, elle va chercher conseil et direction auprès des représentants de Dieu. Comme elle ne veut rien négliger pour avoir la lumière, elle ne craint pas de frapper à plusieurs portes : Évêques, religieux ou simples prêtres, suivant l'occasion, reçoivent la confidence de son projet que doivent mûrir encore deux longues années d'anxiétés et de prières. Devant ceux qui semblent la contredire, Eugénie ne se décourage pas, et malgré sa crainte de l'illusion et les troubles angoissants qui l'assaillent parfois : « Si Dieu veut cette fondation, se dit-elle, j'arriverai au but malgré les apparences contraires. » De plus d'un côté, d'ailleurs, lui viennent les encouragements : son confesseur, M. l'Abbé Clarisse, et le bon Doyen de la paroisse Saint-Maurice, entre autres, sont d'avis que l'affaire est sérieuse. A cette époque même, avec quelle émotion ne trouve-t-elle pas dans un livre, qui lui est envoyé par une amie, cette prière : « Esprit Saint, vous avez suscité à différentes époques des ordres religieux de tous genres, propres à subvenir à tous les besoins de l'Église militante; ô Père des lumières! pénétrés de compassion et de zèle pour les morts, nous vous conjurons de susciter également en faveur de l'Église souffrante un nouvel ordre dont le but spécial soit de s'occuper du soulagement et de la délivrance des âmes du Purgatoire. Vous seul, Esprit Créateur, pouvez inspirer l'exécution d'un tel établissement si propre à procurer la plus grande gloire de Dieu... » — D'autre part, Mgr Chalandon, évêque de Belley, qui s'intéressait tout paternellement à Eugénie, lui écrivait : « Votre idée d'un ordre qui aurait pour but le rachat des âmes du Purgatoire, comme l'ordre de la Merci avait pour but le rachat des captifs, a quelque chose de neuf et qui plaît à la piété. La réalisation de ce projet serait une grande affaire, à moins que Dieu ne versât sur votre chère âme des flots de sa lumière... » — Réponse peu encourageante...; mais, ces flots de lumière allaient pourtant être versés sur la pauvre âme grâce à l'intermédiaire même de Mgr Chalandon.

Le village d'Ars faisait partie du diocèse de Belley; Monseigneur engagea Eugénie à s'autoriser de lui pour faire parler à nouveau de son projet au saint Curé, dont, par l'une de ses amies, elle avait déjà eu ce mot : « Dites-lui qu'elle établira un ordre pour les âmes du

Purgatoire quand elle voudra. » En ce mois de novembre 1855, par les soins de M. l'Abbé Toccanier, vicaire d'Ars, une réponse autrement catégorique lui était donnée : « Elle fera bien de fonder un ordre pour les âmes du Purgatoire; c'est Dieu qui lui a donné l'idée d'un si sublime dévouement... Cet ordre prendra dans l'Église une rapide extension. » — Plus tard, Eugénie apprit de M. Toccanier lui-même, que le saint Curé avait prié à genoux pendant plus d'une heure, et qu'en se relevant, les yeux baignés de larmes, il avait dit : « Voilà l'œuvre que Dieu demandait depuis si long-temps... »

Le Seigneur parlait clairement par son serviteur, Il l'avait fait aussi en donnant, l'une après l'autre, les cinq preuves demandées : l'Association pour les défunts, munie de la bénédiction et de l'approbation souhaitées, débordait de beaucoup les limites du diocèse. Plusieurs de ses amies et une jeune veuve s'étaient offertes à Eugénie pour commencer l'œuvre. Enfin, la dernière preuve, la plus difficile, lui semblait-il, se réalisait pareillement : par l'intermédiaire d'une amie, elle était mise en rapport avec celle qui sera plus tard la Mère du Sacré-Cœur, Mlle Eugénie Lardin, dont le confesseur, M. l'Abbé Largentier, avait réuni à Paris, sur la paroisse Saint-Merry, quelques personnes, dans le but de fonder une Communauté pour le Purgatoire : « J'étais vaincue, dira plus tard la Mère de la Providence, je sentis que Notre-Seigneur me prenait pour m'attacher à sa Croix. »

Un tempérament toujours délicat, une âme ardente autant qu'élevée, sensible et impressionnable, rendaient Eugénie particulièrement apte à la souffrance. Sa peine la moins vive, à ce moment décisif, n'était pas, certes, d'avoir à quitter une famille où régnait l'union la plus intime et la plus tendre... Du moins, avait-elle la grande consolation de voir les siens accepter avec la logique de leur véritable esprit chrétien ce qu'eux aussi présumaient être la volonté de Dieu. Une autre épreuve bien pénible pour elle, fut le retrait des deux personnes sur lesquelles elle comptait le plus pour l'aider dans la fondation. La séparation, néanmoins, se fit sans amertume ; l'une d'elles, d'ailleurs, la jeune veuve, qui avait offert avec elle sa belle fortune, avait suscité cette réflexion intime en l'esprit de la fondatrice : « Nous serions trop riches, ce n'est pas ainsi que commencent les œuvres de Dieu... »

« Il y a trop de circonstances providentielles pour ne pas essayer, avait dit à Eugénie M. le Doyen de Saint-Maurice ; allez à Paris. Si vous réussissez, vive le Seigneur ! si vous ne réussissez pas, vous n'avez pas de respect humain, vous reviendrez ici reprendre toutes vos œuvres. » Avec cette nouvelle expression de la volonté de Dieu, comme un dernier sourire de la Providence, en son Loos tant aimé, Eugénie reçut d'une amie 400 francs pour son voyage. C'était la réponse à sa prière demandant au Divin Maître de lui envoyer la somme nécessaire si sa volonté était réellement qu'elle partît. Ce dernier fait avait son éloquence : le départ fut décidé pour le 19 janvier.

*
* *

« Qu'on se figure un aveugle poussé vers un abîme par une force irrésistible, dira de ce 19 janvier 1856 la

Mère de la Providence, et on aura un tableau exact de mes dispositions au moment du sacrifice. » Mais malgré ses répugnances si fortes et ses appréhensions si vives, elle s'engage résolument dans la voie où Dieu la veut, et elle sent bien que son départ est définitif... « Je comprenais bien, dira-t-elle, que pour moi, c'était la route du Calvaire. »

Son arrivée à Paris, dans le petit groupe de la rue Saint-Martin, n'est pas fait pour chasser ses impressions de tristesse ; avec la perspicacité de son regard, elle se rend vite compte que la plupart des personnes qui le composent ne semblent pas propres à la vie religieuse, et, en M. l'Abbé Largentier lui-même, elle rencontre tant de divergence d'idées dans les moyens de faire la fondation, qu'elle se voit sur le point de repartir pour Loos. Dans un pèlerinage à Notre-Dame-des-Victoires, elle puise force et courage : « Je sentis que la Sainte Vierge était si puissante !... je voulus m'abandonner entre ses mains. La pensée me vint de commencer ce jour-là même une neuvaine, demandant à notre Divine Mère de mourir le dernier jour ou d'avoir le courage de surmonter les difficultés qui s'opposaient à la fondation... » Le secours de la Sainte Vierge lui était assuré, et ainsi, dans les profondeurs de sa foi et de sa soumission à la volonté divine, la fondatrice trouvait le moyen de résister à toutes les tempêtes qui assaillaient sa sensibilité.

Eugénie ne voulait rien entreprendre qu'avec la garantie de l'obéissance ; c'était là la pente de son jugement si droit et son esprit surnaturel la portera à en agir ainsi dans toutes les difficultés de la fondation. Il

lui faut avoir la certitude de faire ce que Dieu veut;
pour cela, elle tient à avoir l'approbation de l'Archevêque de Paris; si Dieu veut une nouvelle famille religieuse dans son Église, la Sainte Église elle-même,
par cette voix autorisée, en bénira les débuts. Munie
d'une lettre de M. l'Abbé Gabriel, curé de Saint-Merry,
bienveillant dès la première heure pour le petit Institut,
elle se présente à Mgr Sibour : « Je sentais, dira-t-elle
ensuite, que son accueil allait décider de mon sort :
ou, il m'approuverait, et ma route serait tracée, ou il
considérerait mon projet comme impraticable et il ne
me resterait plus qu'à rentrer dans ma famille. » —
L'Archevêque s'avance, fixant sur elle un regard paternel et souriant avec bonté; et, après quelques moments
de conversation : « Allez, ma fille, lui dit-il, dites haute-
ment à la ville de Paris que vous avez la tête et le cœur
de votre Archevêque pour votre œuvre; et si vous avez
besoin d'appui et de conseil, je suis là !... » Peu de temps
après l'Archevêque voulait bien donner par écrit son
approbation. — Oui, la petite société était voulue de
Dieu et dès ce jour elle avait sa place dans la Sainte
Église. Sans tarder, la Croix allait en devenir le solide
fondement.

À l'épreuve de la plus stricte pauvreté, Eugénie,
devenue dès lors Mère Marie de la Providence, voyait
s'ajouter des divergences de vue croissantes avec
M. Largentier. Celui-ci voulait l'enseignement pour la
nouvelle congrégation et, préoccupé des besoins immé-
diats, se résignait assez facilement à ne donner à ses
futures institutrices, qu'une formation religieuse som-
maire; un noviciat lui paraissait inutile. La Mère de la

2

Providence, au contraire, voulait pour ses filles une vie spirituelle très sérieuse et très intense, et, comme moyen d'action, des œuvres gratuites. De là, des heurts inévitables, où la fondatrice si impressionnable, si portée à soumettre son avis, eut besoin, pour ne pas céder, d'une grâce de lumière et de force toute spéciale. Pourtant, lorsque le Père Aussant, dominicain, lui conseilla la séparation, au cas où l'unité, cherchée par tous les moyens possibles, n'arriverait pas à se faire, cette hypothèse, nouvelle pour elle, la jeta dans le trouble, tant elle considérait en M. Largentier l'instrument choisi pour la déterminer à marcher en avant. Détachée de tout point de vue personnel, elle eût été prête à laisser la fondation ou à la continuer selon qu'il plairait à Dieu. Enfin, après quatre mois de souffrances qu'il est aisé de s'imaginer, grâce au sage arbitrage de M. l'Abbé Gabriel, la situation fut tranchée : M. Largentier se retira. Ainsi, Dieu qui voulait manifestement faire son œuvre par la Mère de la Providence, lui enlevait peu à peu les moyens sur lesquels elle avait cru pouvoir compter. La petite Société des Auxiliatrices des âmes du Purgatoire, toute de foi dans son but, devait l'être aussi dans les conditions de son développement et de son établissement définitif.

III

L'ŒUVRE

Prier, souffrir, agir pour les âmes du
    Purgatoire !
« Cette œuvre est la réalisation d'une
    pensée d'amour du Cœur de Jésus... »
                        (S. Curé d'Ars.)

Au récit qui lui était fait de toutes les épreuves des
débuts, épreuves doublées pour la fondatrice de souffrances physiques continuelles, le saint Curé d'Ars
s'était contenté de sourire en disant avec un accent de
profonde conviction : « Cette Communauté ne peut
manquer de réussir... » Sous les rayons toujours
vivifiants de la Croix et la douce influence des bontés
de la Providence divine, le petit grain allait en effet
sortir de terre plein de promesses. Que de noms, syno-
nymes de la charité, il faudrait citer, auxquels la jeune
Société dut de pouvoir subsister à ces premiers
moments !... tel, celui de la Vicomtesse Jurien, cette
femme de bien, chez qui l'originalité s'alliait à une
haute portée surnaturelle et qui recevait toujours l'inspiration de venir au secours de la fondatrice aux moments critiques, ou simplement opportuns. Or, dans
ces temps de la plus réelle pauvreté, où l'on devait

travailler péniblement pour assurer le pain quotidien, de tels moments n'étaient pas rares. Un jour, où, à bout de ressources, les membres de la petite Communauté avaient supplié saint Joseph de venir à leur aide, la Mère de la Providence fut bien émue, se trouvant le soir chez Mme Jurien, de la voir se mettre soudain à genoux auprès d'une statue de saint Joseph placée dans sa chambre, et se relever en lui disant : « Mon enfant, saint Joseph veut que je vous donne 200 francs. » C'était exactement la somme demandée par les Auxiliatrices dans leur prière. Maintes fois, par cette généreuse bienfaitrice, ou par d'autres, et de la même façon, la Providence vint au secours de ses enfants; toujours dans la mesure de la nécessité du moment, comme goutte à goutte, pour augmenter leur confiance en sa divine bonté. Aussi, le Père Olivaint, entendant ensuite le récit des origines de la Société, s'écriait-il : « Je n'ai jamais rien vu de pareil; si vous manquez de confiance en Notre-Seigneur, vous méritez d'être pendue!... »

L'exiguïté du local, au 4e étage de la rue Saint-Martin, rendait impossible le développement de la Communauté : « Puisque vous avez tant de confiance en la Providence, dit à la fondatrice son confesseur, le Père Aussant, priez-la de vous conduire où elle veut; puis, parcourez la rue de Sèvres, la rue de Vaugirard et la rue du Cherche-Midi; mais, ne prenez pas la peine de regarder les écriteaux, car ce sera dans une des rues transversales que vous trouverez la maison qui vous est destinée. Marchez donc résolument et lorsque vous entendrez au fond du cœur quelque chose qui vous dira : *tourne,* vous tournerez. » La fondatrice obéit; arrivée

au coin de la rue de la Barouillère, elle eut l'impression
du mot d'ordre donné. Le numéro 16 portait un écriteau : « Maison à vendre ». A son tour, elle sentit en
elle-même quelque chose qui lui dit : « Tu iras ici ou
tu n'iras nulle part ». Pourtant, acheter la maison était
matériellement impossible, et le propriétaire, M. d'Assonvillers, ne voulait que la vendre ; les supplications à
saint Joseph, cette fois encore, ne furent pas vaines et
par un revirement soudain, M. d'Assonvillers consentit
à la location. Lorsque dix-huit mois après, à la suite de
beaucoup de difficultés, la maison put enfin être acquise,
la Mère de la Providence, aussitôt l'acte signé, allait
en remercier Notre-Seigneur au Tabernacle, s'écriant
filialement : « Enfin, mon Bon Maître, vous n'êtes plus
locataire, mais bien propriétaire !... » Cette maison de
la rue de la Barouillère est restée depuis la maison
mère de la Société.

On avait un toit et c'était beaucoup ; mais il fallait y vivre matériellement et spirituellement ; Dieu
demandait à la fondatrice sur ces deux points capi-
taux l'abandon le plus complet. C'est un fait bien
remarquable, que, dans cette fondation, tout, la forme
aussi bien que le but, devait venir directement d'En-
Haut. Tout autre fondateur d'ordre religieux a ses
moyens d'action déterminés d'avance ; la Mère de la
Providence, elle, en embrassant le but qui lui a été
montré, reste comme suspendue à la volonté divine
pour savoir d'elle comment le remplir. Si elle eût
voulu chercher au dehors une indication quant au
choix de ces moyens, la sagesse humaine, même
éclairée par de surnaturelles raisons, lui eût sans

doute conseillé, pour son but d'expiation, une. vie de
contemplation et de pénitence... La pensée de Dieu
était autre : dès les jours qui suivirent l'installation
rue de la Barouillère, au surlendemain de la fête de la
Visitation, une femme inconnue y vint demander une
religieuse pour soigner une pauvre infirme qui se
mourait. La fondatrice vit en ceci l'indication de la
Providence. Elle sait désormais ce que Dieu veut : la
vie des Auxiliatrices sera mixte; afin de procurer la
plus grande gloire de Dieu, elles prieront, souffriont et
agiront pour le soulagement et la délivrance des âmes
du Purgatoire. La part d'action pour les religieuses de
chœur sera consacrée à l'apostolat par les œuvres gratuites : œuvres de miséricorde spirituelles et corporelles auprès des malades pauvres d'abord, puis de
toute âme qui, dans l'Église militante, réclame secours,
lumière ou consolation. Elles seront aidées en cela par
le dévouement des Sœurs coadjutrices dans les différents emplois de la maison. Ainsi dans la pratique
de leur vie religieuse, où la prière occupera une large
place, dans les mortifications corporelles permises
par l'obéissance, dans l'abnégation continuelle de
leurs œuvres et de leurs travaux, les Auxiliatrices
trouveront une source intarissable d'expiation pour
l'Église souffrante; et les âmes, par elles délivrées,
iront, sans retard, augmenter la gloire que l'Église
triomphante rend à la Trinité Sainte. Le dévouement
aux plus délaissés de ce monde et de l'autre, telle
était la voie tracée par la Providence : « Nous n'eûmes
qu'à y entrer », dit la fondatrice. Et, d'Ars, le saint
curé lui faisait écrire : « C'est Dieu qui vous a ins-

piré de travailler à la délivrance des âmes du Purgatoire en prenant les œuvres de miséricorde pour
moyens. Vous réalisez ainsi dans sa plénitude l'esprit
de Notre-Seigneur, en soulageant en même temps ses
membres souffrants sur la terre et dans le Purgatoire. »

A celles qui cherchaient ainsi uniquement la gloire
de Dieu, Dieu, selon la promesse de son Divin Fils,
ne manquerait pas de donner le reste par surcroît, et,
pour assurer l'avenir de sa petite Société, la Mère
de la Providence voulut, par une consécration solen-
nelle, en établir la Très Sainte Vierge *Supérieure
perpétuelle.* Dans le modeste sanctuaire, riche maintenant de la présence du Divin Maître, une statue
avait été placée : celle même qu'Eugénie vénérait
autrefois dans sa chambre de jeune fille, sous le nom
de « Notre-Dame de la Providence », et aux pieds de
laquelle elle avait entendu intérieurement cette
parole : *Un jour, je serai dans une chapelle :* Le
samedi 8 novembre, après la célébration du Saint
Sacrifice, la Mère de la Providence, un cierge à la
main, s'agenouilla devant la sainte image et prononça
une consécration touchante de foi et d'amour, par
laquelle elle remettait à jamais le sceptre de la supé-
riorité entre les mains de la divine Mère. Et la Très
Sainte Vierge, comme signe de son acceptation, se
plut à exaucer la prière confiante qui lui demandait,
pour la Communauté, une faveur spéciale chaque jour
de l'octave de cette consécration.

L'Institut prenait corps peu à peu ; les vœux
simples, prononcés en la fête de saint Jean, 27 décem-

bre 1856, par la plupart de ses membres, le consacraient comme Institut religieux ; déjà, quelques nouvelles et bonnes recrues étaient venues aviver l'espoir de l'avenir ; pourtant, la forme essentielle de la règle manquait encore. Quelques-uns des Prêtres ou Religieux qui avaient jusqu'ici témoigné un bienveillant intérêt aux Auxiliatrices, les avaient initiées à quelques pratiques de la vie religieuse : tels, avec M. l'abbé Gabriel, supérieur de la Communauté et guide inappréciable de ses premiers pas, le Père Aussant, dominicain, puis le Père Reculon, mariste ; mais aucun n'avait dit le mot définitif de Dieu touchant la règle à adopter. D'ailleurs, le Père Aussant était mort dans le courant même de l'année 1856 et le Père Reculon, un peu plus tard, avait quitté Paris. Là encore, la Mère de la Providence, docile sous la main de Dieu, attendait. Néanmoins, il faut croire que, pour elle habituée à faire beaucoup de choses par son activité propre et à trouver le moyen de sortir toujours des situations les plus compliquées, ces longues attentes n'allaient pas sans souffrances et, parfois même, sans troubles ; mais c'est ainsi que Dieu s'assujettissait pleinement cette âme et la faisait entrer de plain-pied dans sa vocation : « Je vois bien, écrivait-elle, que la vie que j'embrasse est une vie d'expiation et, qu'en m'offrant pour les chères âmes du Purgatoire, je me suis constituée victime... » Dieu vint à son heure. Le 15 novembre 1857, après une fervente neuvaine de la Communauté à sainte Gertrude pour obtenir un Père spirituel qui consentît à exercer régulièrement auprès d'elle le saint ministère, le Révérend Père Basuiau, Jésuite de la rue de Sèvres, lui était envoyé comme aumônier temporaire. Ce saint religieux était l'homme choisi par la Providence pour donner à la société des Auxiliatrices sa forme de vie religieuse définitive. Autorisé par ses Supérieurs à guider le nouvel Institut en ses premières années, il lui fit part des plus précieux trésors de la Compagnie de Jésus, en lui donnant les règles de saint Ignace, après les avoir adaptées à sa fin spéciale. La Mère fondatrice, que son éducation au Sacré-Cœur avait préparée à l'esprit de ces Règles, voyait ainsi se réaliser un de ses vœux les plus chers. Cet esprit convenait, en effet, à un Institut, qui, pour atteindre son but d'expiation, doit unir une forte somme de vie intérieure aux œuvres de zèle et de charité. Apprenant la précieuse grâce que Dieu venait de faire aux Auxiliatrices, le saint curé d'Ars s'écriait : « Ah! les pauvres petites, elles sont sauvées!... »

Dès lors, la nouvelle famille religieuse reçoit, avec l'esprit des Exercices spirituels de saint Ignace, la forme sage et ferme de ses Constitutions et la surnaturelle direction de la Compagnie de Jésus, et le Très Révérend Père Beckx, Général de cette Compagnie, écrit à la fondatrice : « La dévotion aux âmes du Purgatoire a toujours été chère à notre Compagnie, et l'un de mes prédécesseurs, le Père Lainez, successeur immédiat de saint Ignace, la regardant comme complément de la fin de notre Institut, en avait fait l'objet d'une recommandation spéciale...

...Je demande à notre Divin Maître qu'Il continue à répandre avec abondance ses bénédictions sur vous et sur les âmes ferventes que vous vous êtes associées pour l'œuvre si sainte que vous avez entreprise... »

Interrogé sur la nouvelle Société, le Révérend Père de Ponlevoy répondait : « Je la connais bien, très bien ; nous y donnons tous les ministères ; les règles sont calquées sur les nôtres ; l'esprit est bien bon, les œuvres utiles et nombreuses... »

La Mère de la Providence avait donc toute la pensée divine sur son Institut ; dès lors, elle se lance courageusement avec lui dans la carrière, organisant toutes choses avec netteté et précision afin de l'affermir fortement sur ses bases, embrassant avec son grand cœur tous les desseins de Dieu et les exécutant avec son énergique volonté. Elle y était puissamment aidée par la direction sage et virile du Père Basuiau, qui, avec bonté et fermeté, sut s'imposer à cette nature si vive, si primesautière : « Vous me brisez, vous m'enlevez tout mon entrain », lui disait-elle. — « Plaise à Dieu qu'il en soit ainsi, repartait le sage directeur, et que l'esprit de Notre-Seigneur remplace votre activité naturelle!... »

Le cardinal Morlot avait succédé, sur le Siège de Paris, à Mgr Sibour, odieusement assassiné à Saint-Étienne du Mont, et avait hérité de sa bienveillance pour la nouvelle Société. Dès sa première visite, rue de la Barouillère, il avait daigné apposer sa signature à la suite de celle de son prédécesseur au bas de son approbation du plan de l'Institut ; le 25 janvier 1858, il voulait bien recevoir lui-même, dans l'humble sanctuaire, les vœux perpétuels de la Mère de la Providence et de la Mère du Sacré-Cœur. Cette consécration totale d'elle-même à Dieu, à cette époque de sa vie, réalisait pour la fondatrice cette parole qui lui avait été dite à l'intime de l'âme deux ans avant la fondation : *Tu seras religieuse, mais pas comme une autre, j'aplanirai pour toi bien des difficultés, tu ne seras parfaite religieuse qu'à trente-trois ans.*

Avec la vie religieuse, les œuvres se développaient au foyer apostolique qu'était dès lors la maison de la rue de la Barouillère. Les Auxiliatrices, ne portant pas de costume religieux proprement dit, avaient plus facilement leurs entrées en des intérieurs où « la Sœur » et le Prêtre n'eussent pas été admis de prime abord. En soignant les maux du corps, on découvrait vite ceux de l'âme et l'œuvre du soin des malades à domicile devenait le point de départ de beaucoup d'autres : conversions, instructions religieuses, baptêmes d'enfants et d'adultes, premières Communions tardives, mariages réhabilités, abjurations, venaient récompenser un dévouement que la pensée du soulagement des douleurs d'outre-tombe rendait vraiment sans limites. L'une des œuvres les plus consolantes, qui naquit dès les premiers temps de celle des pauvres malades, fut la réunion, dite de Saint-Pierre Claver, qui groupait le dimanche, rue de la Barouillère, nombre de pauvres femmes soignées par les Auxiliatrices, ou rencontrées par elles dans leurs courses charitables. Elles trouvaient là durant plusieurs heures de l'après-midi, avec de saines distractions, grand profit pour leur âme dans l'instruction religieuse qui leur était donnée. Une large distribution de vêtements récompensait, à la fin de l'année, la fidélité à ces réunions. Cette œuvre, bénie de Dieu, établie ensuite dans toutes les maisons de la Société sous le patronage de Notre-Dame du Suffrage, n'a jamais cessé de donner les plus consolants fruits d'apostolat.

Mais le grand cœur de la Mère de la Providence ne se serait pas contenté de restreindre à une seule classe de la société le zèle qui la dévorait pour la gloire de Dieu et la délivrance des âmes du Purgatoire; elle voulut, par l'*Association des Membres Honoraires de l'Institut,* donner, à tous ceux qui le désireraient, la possibilité de partager la sainte mission et les mérites des Auxiliatrices, par l'union de leurs prières, sacrifices et bonnes œuvres aux leurs, pour le soulagement des saintes âmes. La récitation journalière des actes de foi, d'espérance et de charité avec l'invocation : « Mon Jésus, miséricorde! » constitue l'union de prière, et l'aumône annuelle, faite pour aider à l'extension de la Société, dont toutes les œuvres sont gratuites, constitue l'union de charité. Cette Association reçut la bénédiction du Souverain Pontife qui lui accorda des indulgences spéciales.

De plus, pour les femmes du monde, libres de leur temps et désireuses d'en disposer pour le bien, en donnant à leur vie une orientation plus marquée vers la perfection, la Mère de la Providence établit une seconde Association unie à la Société par une participation plus étroite à ses prières et à ses bonnes œuvres. Une consécration, faite au pied de l'autel et reçue par le Prêtre, établit entre elles et les Auxiliatrices un véritable lien spirituel. Les grandes lignes d'un règlement, conciliable avec leurs devoirs d'état les engage à une sérieuse vie chrétienne, et, dans la mesure où elles le peuvent, elles aident, elle aussi, à l'extension de la Société et à ses œuvres de charité. Elles s'unissent à sa vie de prière par la récitation d'une partie de l'Office des Morts, et beaucoup veulent, comme les Auxiliatrices, se dépouiller complètement de leurs mérites satisfactoires, en faveur des défunts, par l'Acte héroïque de charité.

*
* *

L'humble grain de sénevé, qui avait germé sous la croix et donnait déjà des fruits, allait étendre ses rameaux : Nantes, d'abord, à l'instigation d'une jeune fille, pleine de sympathie pour la Société nouvelle, réclama une fondation. Dès les premiers pourparlers, M. l'Abbé Richard, alors vicaire général, assurait la Mère de la Providence de la bienveillance de Monseigneur de Nantes et de la sienne propre, et Mgr Jacquemet, quelques jours après, écrivait lui-même à la fondatrice : « Oui, sans doute, c'est de tout mon cœur que je vous reçois dans mon diocèse et dans ma ville épiscopale. Votre œuvre m'a beaucoup touché dès les premiers jours que je l'ai connue. Elle est éminemment chrétienne et manquait à l'Église. Vous serez très bien accueillie par notre population si bonne et si pleine de foi... » Le bon Évêque ne se trompait pas et la petite escouade d'Auxiliatrices, qui, le 19 décembre 1861, arrivaient à Nantes, sous la conduite de la Mère du Sacré-Cœur, purent heureusement le constater.

Mais, la croix jalonne toujours la route de la Mère de la Providence...; le départ du Père Basuiau pour la

Chine, en 1864, lui est une épreuve bien sensible :
« Mon Dieu, si je ne puis dire : *Alleluia* quand même !...
je dis dans l'intime de mon âme : *Fiat* quand même »
Dieu avait ses desseins en ce départ; trois années ne
s'étaient pas écoulées, que le Père Basuiau avait à guider
sur la terre de Chine les Auxiliatrices devenues missionnaires et, pendant vingt et un ans encore, il conti-
nuerait auprès d'elles son fécond apostolat de Paris.

Ce fut, en effet, le 4 août 1867, que Mgr Languillat,
Vicaire apostolique de Kiang-Nan, venu célébrer le
Saint Sacrifice à la rue de la Barouillère, eut l'impression, pendant sa messe, que les Auxiliatrices étaient
les religieuses qu'il cherchait pour sa mission. Coïnci-
dence frappante : le Père de Ponlevoy, provincial, qui
ignorait complètement la visite de Monseigneur aux
Auxiliatrices, eut aussi, pendant cette même matinée,
l'impression que c'était elles que Dieu voulait là-bas.
L'un et l'autre revinrent l'après-midi rue de la Barouillère faire leur proposition à la Mère de la Providence :
« S'il m'est clairement démontré que c'est la volonté
de Dieu, répondit-elle sans hésiter, je dirai aussitôt :
Ecce ancilla Domini. A la demande faite par elle,
ensuite, en présence des deux visiteurs, à toutes ses
filles réunies : « Mes enfants, que celles d'entre vous
qui désireraient partir pour la Chine se lèvent?... » La
plupart se levèrent spontanément : elles étaient bien la
poignée d'âmes d'élite pleines d'élan ainsi que le disait
le Père Olivaint. Sur le conseil de ce dernier, devenu
son directeur et le père de sa petite famille religieuse,
et après avoir beaucoup prié, la fondatrice s'inclina
devant le vouloir divin : quelques semaines après, les

deux premières Auxiliatrices missionnaires, la Mère du Sacré-Cœur et la Mère Saint-Paul, s'embarquaient pour la Chine, suivies de près par quatre autres de leurs sœurs.

Dès ce moment, des demandes de fondations arrivaient de bien des points différents : Londres, Liége, Alger, Barcelone…, impossible de faire face à toutes ; mais Bruxelles obtenait gain de cause dans les derniers mois de 1869. Peu de temps avant, le premier bref d'approbation, dit *bref laudatif,* treize ans seulement après la fondation de l'Institut, était venu de Rome apporter la joie et la reconnaissance au cœur de la fondatrice et à celui de ses filles. Dieu semblait se hâter de montrer à sa fidèle servante le fruit de ses labeurs, car ses jours étaient comptés : atteinte d'un mal incurable qui expliquait son état habituel de vives souffrances, elle cachait le germe d'une mort prochaine sous l'apparence de la force et de la santé ; mais une grâce intérieure ne la trompait pas : « Hâtons-nous, disait-elle, deux ans avant sa fin ; il me semble que le temps qui m'est accordé maintenant est un temps de grâce et comme de surplus : c'est du bois de rallonge… »

A partir du mois d'août 1870, sa vie devint un véritable martyre. A l'une de ses filles qui lui demandait si ses douleurs avaient quelques moments d'interruption : « Ah ! répondait-elle, si du moins elles étaient parfois tolérables, ce me serait un grand repos ; toute ma force est dans la vue de mon Crucifix. » — « Parmi toutes les choses qui n'offensent pas Dieu, avait-elle dit un jour, il en est cinq que j'ai redoutées : quitter ma famille, fonder une communauté, n'avoir pas le nécessaire assuré pour l'entretien de mes filles, contracter des dettes, être atteinte d'un cancer; eh bien! par la grâce de Dieu, les cinq choses me sont arrivées. » Elle n'en pouvait pas moins dire : « Le *fiat* est toujours sur mes lèvres par là grâce de Notre-Seigneur. »

A ses rudes souffrances physiques et morales, en ces mois de guerre 1870-1871, les malheurs de la France et les horreurs du siège de Paris ajoutaient leur voile sombre. L'organisation d'une ambulance, rue de la Barouillère, fut comme l'acte suprême qui résumait les derniers efforts du dévouement de la Mère de la Providence, et au milieu de la disette générale, elle oubliait en quelque sorte ses maux pour venir en aide aux malheureux : « C'est Jésus souffrant que je soulage », disait-elle, et pourtant, le Docteur avouait : « C'est affreux ce qu'elle doit endurer!... » Mais elle savait mettre en pratique les conseils du Père Olivaint qui voulait qu'elle sourît à la mort, n'admettant pas, selon son énergique expression, que l'on mourût *en rechignant.* Celui qui, trois mois après, allait être agréé de Dieu comme victime de jubilation, selon qu'il s'était offert, était en droit de parler de la sorte. Sa disciple fidèle répétait : *Fiat!...* *Deo gratias!...* et encore : « Volonté de Dieu! volonté de Dieu!... » — « Vivre ou mourir, c'est tout un quand on est déjà de l'éternité!... » — « Mon Dieu, faites que la Croix me donne l'amour!... »

Le 9 janvier 1871, après avoir reçu les derniers sacrements, comme le Père Olivaint lui demandait d'adresser à ses filles ses dernières recommandations : « Qu'elles aient, dit-elle, un zèle toujours plus grand pour les âmes du Purgatoire et l'esprit de famille; que la

Chine, Nantes, Bruxelles et Paris ne fassent qu'un cœur
et qu'une âme... Je recommande la charité, la charité,
la charité!... » Le 7 février suivant, aux dernières
invocations des Prières des agonisants, la Mère de la
Providence s'en allait à Dieu qu'elle avait tant aimé et
pour la gloire duquel elle avait tant travaillé et souffert.
Elle n'avait pas encore quarante-six ans.

*
* *

« Vous êtes bien jeunes pour être orphelines », disait
avec émotion le Père Olivaint aux filles de la Mère de
la Providence, devant son lit de mort; mais : « Une
maison qui s'élève sur la croix ne craindra plus ni l'orage
ni la pluie », avait assuré le saint Curé d'Ars, et les
enfants avaient hérité de leur Mère sa confiance et son
abandon à la Divine Providence. Elle ne leur fit pas
défaut. La Société compte aujourd'hui 48 maisons, en
France, Belgique, Angleterre, Italie, Espagne, Autriche,
Suisse, Hollande, Chine, Amérique. Les œuvres se sont
multipliées, s'adaptant autant que possible aux besoins
des divers pays. Avec celle des pauvres malades, celle
des Patronages, notamment en France, est devenue une
des œuvres principales des Auxiliatrices. Il n'est pas
rare que, dans une même ville, trois ou quatre patronages de paroisses différentes leur soient confiés. Certes,
la fondatrice eût aimé cette œuvre, elle qui y préludait
en quelque sorte, en réunissant déjà de jeunes enfants
à la Maison Mère, bien avant la laïcisation des écoles.
Partout, nombreuses réunions, cercles, pour jeunes
filles ouvrières ou employées, instructions religieuses

3

données en particulier, très spécialement en Angleterre, où de nombreuses abjurations en sont le fruit. En Amérique, l'apostolat s'exerce auprès des noirs, comme auprès des différentes nationalités qui peuplent ce grand pays : Français, Italiens, Chinois, Japonais... L'œuvre des retraites est aussi partout florissante.

Quelques chiffres pris au total des œuvres de la Société, pour 1926, sont assez suggestifs :

Visites de malades (soins, ménage...) 92.695

Catéchismes particuliers : 54.281

Conversions obtenues : 3.390

Abjurations : 221

Baptêmes d'adultes : 452

Mariages rétablis : 402

Les œuvres des maisons de Chine ne sont pas comprises dans ce bilan, étant à elles seules si multiples et spéciales. Qu'il suffise de dire que, depuis leur fondation, en 1867, jusqu'à ce jour, elles donnent un total de : 205.715 baptêmes, tant d'enfants que d'adultes, et ont fourni 675 vocations pour toutes les congrégations religieuses du Vicariat.

Lorsqu'encore indécise sur l'œuvre à embrasser, la Mère de la Providence y pensait dans sa prière : « Je demande à Notre-Seigneur sa lumière, disait-elle, il faut que ce soit une œuvre qui rapporte... » Ah! si alors il lui eut été donné de voir à quel point elle serait exaucée, son âme eût surabondé de joie, car, le bien opéré ici-bas par sa petite société, n'est sans doute qu'un pâle reflet de celui qu'elle réalise en Purgatoire... Dieu seul, et ses Anges, comptent là-haut les âmes délivrées par leurs Auxiliatrices.

IV

PHYSIONOMIE SURNATURELLE

Il semble bien qu'une biographie, si succincte soit-
elle, de la Mère de la Providence, en accuse assez
nettement les traits distinctifs ; expansive, primesautière, elle est tellement tout entière dans ses moindres
paroles, comme dans ses faits et gestes ! il est vrai ;
néanmoins, qu'on ne s'y méprenne pas : cette âme a
des profondeurs de prime abord insoupçonnées ; seule,
sa spontanéité si simple, si sincère, pourrait donner le
change et en laisser ignorer certains côtés et des
meilleurs. Quelques-uns des sentiments intimes de la
Servante de Dieu, et quelques faits encore, feront
mieux ressortir son cachet particulier.

D'un seul trait, on peut définir la Mère de la Providence : Une âme toute de foi, d'espérance et de
charité. Ces trois grandes vertus sont en elles si
fortes, si profondément enracinées, qu'elles y produi-
sent comme naturellement toutes les autres : « Le

juste vit de la foi », dit l'Esprit-Saint; certes, elle en a vécu!..., on pourrait presque dire qu'elle est la foi vivante, tant, dès sa petite enfance, toutes ses puissances physiques et morales sont tendues vers Dieu, vers le surnaturel. C'est ainsi que, toute jeune encore, elle voit Dieu, par sa Providence, la dirigeant, la protégeant, l'aimant comme son enfant. Ce sentiment grandit avec elle et devient si vif qu'elle veut l'affirmer par un signe extérieur marquant son alliance avec sa « Chère Providence »; un anneau sera ce signe, et il doit être donné par la Providence elle-même..; il arrive sans tarder offert par une amie inconsciente de la pensée d'Eugénie; celle-ci le fait bénir, puis, confiante dans la prière des cœurs purs, se le fait passer au doigt par la main d'une enfant de deux ans, sa parente, à qui elle a appris à dire : « Mon Dieu, bénissez ma cousine Eugénie. » Foi naïve dans sa manifestation extérieure, mais bien grande dans le cœur d'où elle procède. Toute la vie de la servante de Dieu témoigne de cet esprit de foi; elle est vraiment la mise en action de la parole de Notre-Seigneur : « Si vous aviez de la foi gros comme un grain de sénevé, vous transporteriez des montagnes... » A l'archevêque de Paris qui lui demande : « Avez-vous une maison?... » — « Non, Monseigneur... » — « Comment allez-vous faire?.. » — « Mais, Monseigneur, vous semblerait-il extraordinaire que la Providence me fît trouver une maison, alors que toutes les maisons de Paris lui appartiennent?.. » — « Allez, ma fille, répond le prélat, la foi qui transporte les montagnes bâtit aussi les maisons. » — « Notre-Seigneur, disait-

elle, sait ce qui nous est utile et peut ce que nous ne
pouvons pas. Laissons-le faire, contentons-nous de
coopérer à sa grâce, de prier et d'espérer. »

A la clarté de sa foi, Marie de la Providence comprend aussi les exigences de la Justice divine et l'in-
tensité des douloureuses expiations du Purgatoire; et
ce n'est pas là une lueur passagère...; ce but invisible,
entrevu à l'âge de sept ans, reste le mobile de toute
sa vie : « Ma vie doit être un Purgatoire continuel; je
consens à vivre sans lumière, sans goût et sans joie,
mais je serai fidèle et soumise : voilà le chemin par
lequel Dieu veut me conduire. » « Mon Dieu, écrit-elle
encore, je vous fais d'avance le sacrifice de ma vie
pour l'établissement de cette œuvre, afin que, jusqu'à
la fin des siècles, les âmes du Purgatoire ne soient
pas oubliées, qu'elles aient une députation sur la
terre, des avocates toujours pour plaider leur cause,
et qu'enfin, mon Dieu, j'aie le bonheur d'être votre
Providence, car, vous voulez délivrer ces âmes, mais
votre justice vous retient et attend nos suffrages. »
Et dans ses derniers jours, au plus fort de ses vives
douleurs : « De tous les motifs, celui qui me touche
le plus, car toutes les forces de mon cœur sont
pour les âmes du Purgatoire, c'est leur soulagement. »
C'est qu'elle voyait, comme nous l'avons dit, le moyen
de glorifier Dieu par leur délivrance : « J'aime à
donner aux âmes du Purgatoire, car la gloire de Dieu
est intéressée à leur délivrance. » « La Mère de la
Providence, dit une de ses filles, tout en ayant une
extrême confiance en la miséricorde de Dieu, a aussi
une telle idée de sa sainteté, qu'elle ne croit pas facile-

ment qu'on aille de la terre au Ciel sans passer par le Purgatoire. » Et comme elle savait entraîner les âmes à sa suite dans les pures régions de la foi!.. « Montons donc plus haut, disait-elle dans une conversation avec deux personnes du monde; montons jusqu'à Dieu; nous sentons bien que nous ne sommes pas faites pour les choses d'ici-bas; cherchons autre chose. *Sursum corda!...* en haut, tout en haut!... Il faut nous élever jusqu'à Dieu, si nous voulons gagner des âmes à Dieu. »

A quels actes de pieux dévouement la Mère de la Providence ne fût-elle pas poussée par sa foi envers Notre-Seigneur au Très Saint Sacrement, envers la Très Sainte Vierge, saint Joseph?... Ne la vit-on pas, jeune fille, à Loos, pour assurer le triomphe de Jésus-Hostie, mettre toute la paroisse sur pied, se rendre chez les vingt-cinq jardiniers pour se procurer abondance de verdure et de fleurs, et faire même, à ses risques et périls, dépaver la route royale pour y planter 200 sapins?... C'est elle encore qui se rend chez les quatorze cabaretiers du village dont elle obtient de pouvoir apposer elle-même chez chacun d'eux cet écriteau : « Ici, on ne jure pas?... » Un jour de fête, ne trouvant pas, à la Maison Mère, l'autel assez paré, elle appelle la Sacristine : « Où est donc votre amour, lui dit-elle, changez-moi ces fleurs et mettez vite ce que vous avez de plus frais... Rien n'est trop beau pour le Bon Dieu; ah! si nous avions la foi!... Jésus caché dans l'Eucharistie, quel mystère!... »

Au sanctuaire de Notre-Dame de Grâces, à Loos, comme plus tard dans la chapelle de sa communauté, elle veut voir la statue de Marie dignement ornée et couronnée d'un très beau diadème ; elle se fait quêteuse pour cela. Mieux encore : avec l'audace de ses dix-neuf ans, elle compose des Litanies de Notre-Dame de Grâces qu'elle fait imprimer et qui se vendent si bien, que, tous frais couverts, il lui reste largement la somme voulue pour son pieux dessein. Elle veut que, comme pour elle, le nom de Marie soit le premier nom de religion de toutes ses filles ; n'a-t-elle pas établi la Très Sainte Vierge première et perpétuelle Supérieure de la Société ?... Celle-ci a bien garde d'oublier ce pacte solennel qui est renouvelé dans chacune de ses maisons, tous les ans à la date du 8 novembre ; et Notre-Dame de la Providence reste toujours pour elle la « Reine du Purgatoire » ainsi que la nomma le Père Olivaint.

Pas plus que la Sainte Église, la Servante de Dieu ne sépare, dans sa dévotion, saint Joseph de Jésus et de Marie. Le saint Pourvoyeur de Nazareth est aussi le sien. A la rue Saint-Martin, où le mobilier se compose d'une unique chaise et de quelques bancs, et où les châles de sortie doivent servir de couvertures pour la nuit, le recours envers lui est fréquent... De lui, on obtient une maison, et sa statue, qu'il prend soin lui-même d'y faire envoyer en surprise, y est installée avec honneur. La Mère de la Providence a toujours près d'elle une statuette de son saint Protecteur et elle en distribue en grand nombre pour communiquer aux âmes sa dévotion envers lui ; dévotion que n'arrête ni la fatigue, ni la maladie... : « Laissez là mon bon saint Joseph ! réplique-t-elle à son infirmière, qui, ne la voyant pas encore couchée, quoique si malade, à 10 heures du soir, lui conseille de supprimer quelques prières; mais je ne me pardonnerais pas de ne rien faire de particulier pendant son mois; je n'en serai pas plus malade demain; nous avons tant de choses à lui demander ! et il m'en a tant accordé déjà!... » Et saint Joseph la paie de retour : le surlendemain, la Mère chargée de la réunion des Dames Associées se trouve en peine; il lui faut 300 francs pour payer d'avance les Croix nécessaires à la réception; on ne les a pas : « Eh bien! demandez cette somme à saint Joseph, dit la Mère de la Providence, cela ne le gênera pas de vous l'envoyer. » Vers le soir, deux dames inconnues demandent à voir la Mère Générale *comme une relique d'Ars,* disent-elles, et lui remettent 300 francs.

A cette âme que sa foi tient toujours, pour ainsi dire, en face de Dieu, l'humilité devient facile : « Si vous saviez, s'écrie-t-elle, comme je me vois aux pieds de Notre-Seigneur!... oh! que je suis misérable!...; mais, la Providence de Dieu est le refuge des misérables... » — « Le Bon Dieu a comblé de grâces la Société... ah! si vous saviez comme je sens que c'est l'œuvre de Dieu et non pas la mienne! Il a choisi tout ce qu'il y a de plus misérable pour accomplir sa volonté. » Et voici sa prière : « Que chacune, ô Jésus, vous demande ce qui lui plaira davantage; pour moi, je vous demande mon entier anéantissement; que mon partage, sur la terre, soit d'honorer vos divines humiliations par les miennes... » Pour qui est habitué à voir ses demandes à peu près toujours exaucées à la lettre, celle-ci ne va pas sans quelque héroïsme... Les actes sont en rapport : A la demande discrète du Père Basuiau, touchant un détail extérieur : « Me permettez-vous de vous faire une petite observation?... » — « Ah! mon Père, s'exclame-t-elle spontanément, nous ne sommes que des enfants et nous avons tout à apprendre!... » Un autre jour, elle note dans son journal : « J'ai été en joie toute la journée pour l'observation qui m'a été faite... » Et, à la fin de sa vie : « Ma joie est de penser, qu'à la vallée de Josaphat, tout le monde connaîtra mes misères et la miséricorde du Bon Dieu à mon égard; cette pensée me comble de joie... » Elle se voit mourir à quarante-cinq ans, laissant sa fondation encore au berceau..., elle ne s'en inquiète pas : « Puisque c'est Dieu qui fait son œuvre, ce ne sera pas un plus grand miracle de la continuer sans le secours des créatures, que de l'avoir commencée par moi... » « Je voudrais pouvoir faire comprendre à quel point, au milieu de tout ce que Dieu a fait pour moi, je me sens instrument et pas autre chose... »

Son obéissance, son esprit de soumission sont le corollaire de ce sentiment et découlent, comme son humilité, de sa foi en Dieu qui agit seul par elle. Conduite de si près, dans tous les détails de sa vie, par la Providence, elle ne s'en rapporte pourtant pas à ses propres lumières et ne veut rien entreprendre, pour sa propre sanctification, ses œuvres, sa fondation, sans chercher, avant tout, par l'obéissance, la sûre impulsion de la volonté divine : « En toutes circonstances, je peux répondre : j'ai obéi! je n'ai pas de responsabilité; merci, mon Dieu! une de vos plus grandes grâces a été ce besoin d'obéir. » Sa grâce de fondatrice, en effet, la pousse à être en tout fille très soumise de la sainte Église. Dans les pénibles débuts de son œuvre, toute sa force lui vient de l'approbation des archevêques de Paris et, lorsqu'en 1869, déjà bien malade, elle reçoit de Rome le bref laudatif, elle met, selon sa propre expression, « toute la maison en fête ». « Si nous voulons ravir le ciel, dit-elle à ses filles, et emporter avec nous une foule d'âmes que nous aurons délivrées des flammes du Purgatoire, brisons les deux principales entraves à la perfection et au zèle : le jugement et la volonté propres; pratiquons, de toutes les vertus la plus essentielle aux œuvres de notre vocation : l'obéissance. »

*
* *

« La confiance, a-t-on dit, est la fleur de l'espérance. » A voir ici la richesse de la fleur, on peut juger de la racine. Quelle n'a pas dû être la force de l'espérance chez la Mère de la Providence, elle, dont a dit si justement le Père Olivaint : « Elle est l'enfant gâtée de Dieu, qui ose tout lui demander et qui en obtient tout. » L'histoire de sa vie, en somme, est l'histoire de sa confiance et des faveurs de Dieu. Elle avait dit : « Je veux me mettre au large et me dilater en Dieu par une entière confiance dans sa bonté et dans sa protection », elle tint parole : « Ma Mère, lui dit un jour la sœur chargée de faire les achats, il n'y a plus rien dans la bourse, voici le dernier sou... » — « Il faut avoir confiance dans la Providence, lui répond la fondatrice, et aussitôt, la concierge lui apporte une enveloppe qu'elle avait oublié de lui remettre; le timbre de la poste, l'écriture ne lui disent rien ; elle l'ouvre et trouve un billet de 100 francs enveloppé dans une feuille de papier blanc. Pour la nouvelle maison, elle désire vivement un Christ vu dans un magasin ; mais le prix, 15 francs, dépasse ses moyens : « Je ne l'aurai, dit-elle, que si la Providence me le donne », et elle se retire. Peu de temps après, un prêtre entre, achète le Christ et donne l'adresse de la rue de la Barouillère... Les traits semblables abondent dans la vie de la Mère de la Providence. Comme pour exciter sa confiance, nous savons comment Dieu, dans l'œuvre difficile qu'Il lui a confiée, lui enlève, l'un après l'autre, tous les appuis : M. Largentier, d'abord, puis le Père Aussant, Mme Jurien, Mgr Sibour, le saint Curé d'Ars, le Père Basuiau..., elle en souffre, mais ne craint pas pour l'œuvre elle-même ; plus que jamais elle veut avoir confiance dans le Cœur de Jésus, et, les yeux fermés, continuer à suivre la route tracée : « Faites comme s'il n'y avait pas de Providence, disait-elle, et quand vous avez fait tout ce que vous avez pu, ne vous tourmentez de rien ; Jésus est là : c'est en Lui qu'est toute notre espérance. » Même note dominante dans sa spiritualité ; la confiance toujours tient son âme alerte, sereine, malgré les obscurités, les sécheresses, les angoisses qui l'assaillent presque continuellement, surtout les dernières années de sa vie : « Allons à Dieu par la confiance, soyons-lui toujours plus unies par l'abandon. Livrons-nous à Lui sans chercher à nous rendre compte du point où nous sommes arrivées, pour trouver dans cet état un motif de sécurité. Prenons la résolution d'aller toujours en avant, cherchant Dieu comme à tâtons, c'est-à-dire par la fidélité et les bonnes œuvres quand il ne nous est pas donné de jouir de quelque consolation. Oui, ne voulons pas être saintes pour le savoir et en être bien aises ; mais voulons uniquement plaire à Dieu sans le savoir, sans le sentir... c'est là une vraie souffrance qui soulage les âmes du Purgatoire. » Que de fois ne l'entendit-on pas s'écrier : « Seigneur, j'ai mérité la prison... enfermez-moi dans votre Divin Cœur !... » Une de ses invocations favorites était : « Jésus ! joie éternelle des Saints !... » « Je souffre beaucoup, beaucoup, disait-elle un jour, c'est vrai ; il ne manque rien à mes souffrances de cœur, de corps et d'âme ; mais, je m'abandonne... le Bon Dieu connaît toutes choses, Il n'a pas besoin de nous et s'Il nous fait travailler pour sa gloire par la souffrance, c'est bien parce qu'Il nous aime d'un amour particulier. Si je réfléchissais seulement cinq minutes à ma position, je serais, non pas découragée, mais désespérée... Je vis minute par minute avec la grâce de Dieu qui me soutient pour le seul moment présent. » Et lors de ses grandes souffrances encore : « Je ne puis dire, comme Notre-Seigneur : Mon Dieu, pourquoi m'avez-vous abandonnée ?... Il ne m'a jamais donné tant de preuves de son amour, et si j'ai quelques préoccupations, j'entends toujours cette parole : « Compte sur moi... » : « La confiance est une grâce inappréciable, elle fait vivre pour Dieu seul... » Celle qui parle ainsi peut servir de témoignage à sa parole.

*
* *

Que dire enfin de sa charité?... elle, qui, dès ses premières années rêve d'être « la providence du bon Dieu », de lui « donner quelque chose », de lui faire plaisir... Il n'est que de lire sa vie pour se rendre compte que l'amour de Dieu est en elle comme un foyer incandescent *actionnant* toute son existence ; car l'amour est le don de soi, et Marie de la Providence n'a fait autre chose toute sa vie que de se sacrifier aux intérêts divins : « Vouloir uniquement et souverainement être à Dieu », ce conseil qu'elle aimait à donner plus tard, elle l'avait réalisé dès sa petite enfance : de bonne heure, elle pense à se consacrer à Dieu dans la vie religieuse, et elle y prélude en faisant le vœu de chasteté. Qu'est-ce autre chose que l'amour qui la pousse à sacrifier sa vie, à se dépouiller de tous ses mérites satisfactoires et à fonder une société pour que les âmes du Purgatoire rendent sans retard à Dieu, dans le ciel, toute la gloire qu'Il attend d'elles?... « Oh! quelle vocation nous avons! disait-elle, si nous savions comprendre ce que Dieu attend de nous, si nous avions dans nos cœurs une étincelle du feu sacré, que ne ferions-nous pas!... » Certes, l'étincelle était dans le sien et lui faisait dire : « Aimer Dieu uniquement en ce monde et en l'autre a toujours été toute mon ambition » et elle le lui faisait implorer toujours plus : « Demandez pour moi le ressort de l'amour de Dieu ; ah! si je pouvais mourir d'amour!... » « L'amour nous a donné la Croix, que la croix me donne l'amour!... » — « Quand je réfléchis à tout ce que j'ai à faire, à tout ce dont je réponds et à mon état, je me dis toujours : ce qu'il y a encore de plus pressé à demander et à obtenir, c'est l'amour de Dieu !... Toujours cette pensée me domine : Amour de Dieu ! Amour de Dieu !... et qu'est-ce donc que tout le reste ?... »

Toute sa vie intérieure, en effet, se porte sur l'amour, sur l'union de volonté avec Notre-Seigneur : « O Jésus ! je vous demanderai chaque jour cette union inséparable avec vous, de chaque minute, après laquelle mon âme soupire ; je vivrai dans une dépendance continuelle de la grâce, je n'aspirerai qu'à me trouver seule avec vous... » Dans ses plus grands labeurs, comme dans ses plus grandes souffrances, elle ne consent jamais à sacrifier ses exercices de piété ; c'est là qu'elle trouve toute sa force. Comme on l'engageait un jour à abréger un peu son oraison, vu son extrême fatigue : « Ne me donnez jamais de pareils conseils, reprit-elle vivement ; quand je serai à la mort, il sera bien assez temps d'abréger mes exercices de piété ; vous ne savez donc pas le prix infini des minutes passées avec Dieu ?... Si vous en retranchiez quelques-unes par votre faute, qui pourrait vous assurer que ce n'est pas pendant ces minutes-là mêmes que Dieu vous réservait des grâces de choix ?.. » « Il y a huit ans, disait-elle, que Notre-Seigneur est ici, (dans la chapelle) que de fois je me serais désespérée si je n'avais eu le Bien-Aimé du Tabernacle ! » Et dans un redoublement de souffrances : « Je vais un moment à la chapelle pour me remettre ». Elle pouvait bien dire : « Ma prière a toujours été ma grande ressource, et, malgré tout, j'ai toujours prié ». « Jésus, avouait-

elle un jour au Père Olivaint, c'est mon Ami intime!... »;
puis, aussitôt, son humilité se ravisant : « Mais je crains
que ce ne soit là pour moi qu'un mot... » « Non, non,
mon enfant, répond le Père, c'est un fait, vous vous
jetteriez dans le feu pour Lui... »

En implorant avec tant d'ardeur l'amour de Dieu, la
Mère de la Providence ne s'illusionnait pas sur ce que
cette grâce comportait; elle avait bien entendu Notre-
Seigneur lui dire au fond du cœur : « *L'amour extraordinaire que tu désires sera le prix d'extraordinaires
souffrances.* C'est, qu'enfant gâtée de Dieu, elle devait
l'être jusqu'au bout et recevoir de Lui le plus précieux
de ses dons : la Croix. Nous avons dit que, physiquement
et moralement, elle avait des aptitudes spéciales à la
souffrance...; de plus, il semblerait que, par une analogie mystérieuse, Dieu ait voulu lui faire éprouver un
peu des tourments endurés par les âmes du Purgatoire :
tandis que, dans son corps, et dès longtemps, elle res-
sent des souffrances semblables à celles d'un feu intérieur qui iront s'accentuant jusqu'à lui faire dire : « C'est
le feu du Purgatoire; il est juste que je l'endure; outre
que je l'ai mérité, je dois souffrir pour les âmes qui y
souffrent, c'est une grâce que Dieu me fait... une grâce
de choix... »; et encore : « J'ai assez de douleurs physiques pour me rappeler la peine du sens »; dans son
âme, et cela presque toute sa vie, ce seront des inquié-
tudes, des angoisses, des obscurités, la crainte même
de ne pas être en état de grâce : « Il me semble, écrit-
elle en 1859, avoir compris un peu cet ennui, cet isole-
ment de l'âme qui sent que tout ce qui passe est indigne
d'elle, et qui, se tournant du côté de Dieu, s'en croit

séparée, par une vue de miséricorde qu'elle est incapable de comprendre au moment de l'épreuve... O mon Dieu! c'est vous qui m'avez mise dans cet état, vous seul pouvez me donner du courage... Il me semble que Notre-Seigneur me dit : Je te purifie. »

— « Je me sens une faim et une soif de Dieu inconcevables. Je voudrais le demander à toutes les saintes âmes qui m'entourent. O Jésus! faites-moi sentir votre divine présence, ne fût-ce qu'un instant!... » — « O Jésus! visitez-moi par votre grâce et votre amour!... » — « Justice de mon Dieu, contentez-vous!... je me soumets et je vous loue... » Et, comme les pauvres âmes, dont on croirait entendre ici l'écho, elle peut ajouter : « Je me sens tellement perdue dans la volonté de Dieu, que je n'ai plus d'autre pensée que de m'abandonner à Lui. » — « Oh! aimons notre chère vocation; aimons-la d'autant plus que nous souffrons davantage. Pour ne pas souffrir, il ne fallait pas se faire Auxiliatrice; la souffrance est la clef du ciel. »

Victime pour ses chères âmes du Purgatoire, la Mère de la Providence a souhaité l'être et l'est en réalité; mais loin d'elle l'idée d'une victime désolée qui ne dégage qu'une atmosphère de souffrance... car elle souffre par amour, avec amour : « Jésus me soutient, dit-elle, c'est pour Lui que je travaille, il faut le rendre aimable, ce cher Maître... » De là, et ceci complète l'analogie, son attitude naturelle de paix, de sérénité, d'allégresse communicative : « Quand nous souffrons, regardons le Ciel, disait-elle, faisons de la joie quand même... » et elle mettait la chose en pratique : « Je suis à l'agonie et on me croit au troisième ciel. » Un

Docteur la voyant pour la première fois, après avoir constaté son mal, en restait stupéfait : « Quelle énergie! s'écriait-il, quelle tête bien organisée! quelle force morale il lui faut!... c'est quelque chose de mystérieux que son état... c'est une grâce vraiment extraordinaire qu'elle soit telle qu'elle est... » Combien plus encore auraient pu parler de même ceux qui ont dirigé l'âme de la Mère de la Providence et qui, seuls, avec Dieu, ont connu ses souffrances morales!...

Avec sa paix, sa gaieté, elle garde son infatigable activité : « Malgré sa maladie, écrit l'une de ses filles, que ne pouvait-elle pas faire encore et que ne faisait-elle pas?... Elle pensait à tout, organisait toutes choses; elle était la vie de la maison de Paris et la joie de toutes par ses délicates tendresses. » Par une correspondance incessante et volumineuse, elle soutenait aussi les maisons de Nantes, de Bruxelles et de Chine : « Ah! que ne puis-je, disait le Père Olivaint aux Auxiliatrices devant le lit de mort de leur Mère, vous dire combien elle vous aimait et à quel point le zèle de votre sanctification occupait sa pensée! je sais, sur son dévouement pour vous, bien des choses que vous ignorez. »

Mais pour toute âme, quelle qu'elle soit, la Mère de la Providence est remplie de charité, parce que toute âme appartient à Dieu et qu'Il doit y régner par sa grâce : « Quand il s'agit de quelque bien à faire, disait-elle, pour moi, je ne vois que des âmes... » Entre toutes, elle respecte les âmes des pauvres, y voyant l'image de Jésus souffrant, et elle est bonne et secourable à leurs détresses, toujours en vue de les conduire à Dieu. Elle appelait sa bourse « la bourse du Bon Dieu » et, quand il fallait donner, elle en trouvait toujours le moyen : « C'est Dieu qui donne, disait-elle, je ne suis que sa caissière. » Aussi, quand elle acceptait de prendre part à quelque œuvre nouvelle, elle demandait toujours à n'être pas nommée : « Aimons Notre-Seigneur de tout notre cœur, disait-elle alors, ne désirons que sa gloire, cherchons à lui procurer le plus d'âmes possible, et demeurons cachées dans son Cœur, inconnues des hommes, plus connues de Dieu... »

Nous l'avons vue, mourante, organiser l'ambulance où elle aimait à procurer mille douceurs aux réfugiés et aux pauvres blessés ; sur un petit fourneau à esprit de vin, elle voulait elle-même préparer des potages qu'elle envoyait aux plus malheureux : « Si je ne me tue, je meurs », avait-elle coutume de dire et cet élan habituel de son cœur en donnait la raison : « O Jésus! que j'ai soif de vous faire aimer !... »

Ainsi, ces trois vertus : la Foi, l'Espérance, la Charité, se compénétrant dans l'âme de la Mère de la Providence qu'elles habitent entièrement, lui impriment admirablement ce triple cachet de *simplicité, d'allégresse et d'abandon,* qu'elle-même souhaitait voir rayonner au front de toute enfant de sa Société ; car ses regards n'ont eu pour objet que Dieu ; en Lui, elle a jeté toutes ses sollicitudes ; en son Cœur elle a reposé le sien. Ainsi elle a pu dire : « Je ne vois plus que Dieu et vraiment Dieu tout seul... c'est là du reste le secret du bonheur !... »

V

REPUTATION DE SAINTETÉ
GRACES OBTENUES

Toutes les personnes qui, dans sa famille religieuse, ou dans le monde, ont connu Mère Marie de la Providence, gardent son souvenir comme celui d'une âme privilégiée et conservent précieusement les objets qui lui ont appartenu, les lignes écrites de sa main. C'est ainsi que, lors du Procès de l'Ordinaire pour sa béatification, plus de 1.300 lettres ont pu être réunies, venant de bien des endroits différents et témoignant de la vénération unanime dont elle est l'objet.

Dieu qui avait fait choix de sa servante pour faire rayonner au Purgatoire sa divine Miséricorde, et répandre sur la terre les bienfaits de la charité, a voulu qu'elle fut encore, après sa mort, cause de joie pour plusieurs qui ont obtenu des grâces signalées par son intercession. Trois guérisons, relativement récentes, méritent en particulier de retenir l'attention.

1º A Chang-Haï, en Chine, en décembre 1912, une jeune fille, Paquinta d'Almeida, élève externe de l'Institution de la Sainte-Famille, tenue par les Auxilatrices, était obligée d'interrompre la préparation de ses examens, par une crise d'appendicite. Transportée à l'hôpital Sainte-Marie, elle est opérée d'urgence, et le Docteur déclare : « C'est fatal, elle doit mourir. » Tout l'intérieur est en décomposition, l'abcès, s'est ouvert de lui-même au moment de l'opération. Le Père van Dosselaere, confesseur de la jeune fille ne paraît pourtant nullement désespéré. Objet lui-même des faveurs de la Mère de la Providence, il veut, par elle, encore, obtenir une guérison inespérée. Malgré la nuit et la distance, il envoie immédiatement chercher une parcelle de vêtement de la Servante de Dieu et la pose lui-même sur la malade, en lui murmurant à l'oreille, quelques paroles, dont, demi-consciente, elle ne saisit pas toute la portée. Elle comprend néanmoins qu'on va prier la Mère de la Providence pour elle et s'unit d'intention à cette prière.

Le lendemain matin, malgré l'impression produite sur la Sœur Supérieure de l'hôpital, très habituée à vérifier les diagnostics, la malade est encore en vie. Grand étonnement du Docteur qui persiste à croire qu'elle ne passera pas la journée. Mais la journée sé passe ainsi que la nuit dans un doux sommeil; la plaie commence à se cicatriser sans ombre de suppuration; et, moins de quinze jours après l'opération, la jeune fille, pleine de santé, se retrouve au milieu de ses compagnes.

Tous admirent cette guérison jugée impossible, devenue si rapide et en rapportent le bienfait aux prières faites à la Servante de Dieu. Seul, le Docteur, matérialiste, refuse un certificat dans ce sens, sous prétexte qu'il a rencontré un cas à peu près analogue.

Il dessert d'ailleurs toujours l'hôpital, et la Sœur Supérieure ainsi que les deux Auxiliatrices, témoins du prodige, vivent encore et peuvent rendre témoignage.

La Chine est encore le théâtre de la seconde guérison obtenue par la Servante de Dieu.

Le lundi, 13 juillet 1925, Marie-Josèphe Fong, âgée de onze ans, élève de l'Institution Saint-Joseph (Section de la Providence), dirigée par les Auxiliatrices à Chang-Haï, tombait d'une fenêtre élevée de 6^m,50 au-dessus du sol, pavé de briques. La chute avait porté sur la tête. On trouve l'enfant sans connaissance, les lèvres décolorées, le sang jaillissant par les narines et plus abondamment par l'oreille gauche. Marie-Josèphe était encore païenne, mais désireuse du baptême. La sœur venue à son secours, la voyant en si pitoyable état, sans hésiter, lui administre ce Sacrement. Le Docteur, après examen, reconnaît que l'accident est mortel : il y a fracture du crâne, elle ne peut en revenir. Un instant, le râle et les signes de mort font hésiter à exécuter l'ordre donné par le Docteur de la conduire à l'hôpital ; mais la Mère Saint-Antoine, religieuse Auxiliatrice, qui a connu la Mère de la Providence, s'écrie : « Notre Vénérée Mère Fondatrice peut faire quelque chose... » et la confiance gagne tous les cœurs. Le transport s'effectue avec des précautions infinies. A l'hôpital, le Dr Fresson, médecin français, et chirurgien d'une rare distinction, constate la fracture de la base du crâne et déclare : « Il n'y a personne au monde, Anglais ou Français qui puisse y porter remède ; c'est une affaire finie, il n'y a rien à faire. » Tous sont d'accord :

il n'y a aucun espoir. Le lendemain, quatre docteurs émettent le même avis : il y a, avec la fracture du crâne, dislocation de deux vertèbres de la nuque, insensibilité de l'œil, paralysie du côté droit, certitude de mort prochaine : « Nothing to do » ; la radiographie même est jugée inutile. L'immobilisation des vertèbres disloquées, au moyen de deux petits sacs, et un chapeau de glace seront le seul traitement. Mais à la Providence, on prie et on espère contre toute espérance.

Le vendredi 17, cinquième jour après l'accident, la malade est encore sans connaissance. Deux religieuses Auxiliatrices, venues la voir, lui appliquent sur la nuque une parcelle de vêtement de la Mère de la Providence ; aussitôt l'enfant ouvre les yeux, baise le Crucifix et montre qu'elle reconnaît et comprend ses visiteuses. La joie est grande et l'espérance singulièrement accrue, bien que le Dr Bryson qui suit la petite malade estime toujours la guérison tout à fait impossible. Une neuvaine à la Mère de la Providence est décidée. Il faut que Marie-Josèphe recouvre, avec la parole, sa bonne santé d'avant l'accident.

Le lendemain, cependant, nouveau genre de craintes : l'enfant, réveillée, n'est qu'à demi consciente : « Si elle en revient, dit la Sœur de garde de l'hôpital, elle sera idiote et aura d'affreux maux de tête... » On redouble de ferveur ; dès le lendemain, un progrès en est la récompense : Marie-Josèphe, muette depuis six jours, prononce enfin ses premières paroles.

Le lundi 20, troisième jour de la neuvaine, lorsque le Dr Bryson (protestant) arrive au lit de la petite malade, celle-ci le salue d'un joyeux « Good morning,

Doctor ! » Hors de lui, le Docteur reste là, la regardant longuement et déclare le fait *une chose providentielle*. Dès ce jour, Marie-Josèphe demande à manger et fait preuve d'un robuste appétit. Aux questions du Père Jaquinot, Jésuite missionnaire de Chang-Haï, elle répond avec parfaite lucidité d'esprit. Elle assure ne pas souffrir et n'avoir pas mal à la tête. Cependant, le bras droit reste paralysé. L'Auxiliatrice le frictionne avec la parcelle de vêtement de la Mère de la Providence, disant : « Demain, il faut que ce petit bras remue ». Le lendemain, le petit bras remuait en effet, bien que la force ne revînt que progressivement dans la main. Enfin, le vendredi 24, septième jour de la neuvaine, et le douzième après le terrible accident, le Dr Bryson déclare que l'enfant peut quitter l'hôpital : « Je l'ai fait mettre deux fois sous les rayons X, dit-il, cela n'a rien donné, absolument rien. » — « C'est un cas extraordinaire ; professionnellement parlant, rien ne pouvait être fait pour l'enfant qui est maintenant parfaitement guérie. » Telle est la teneur du certificat donné par ce même Docteur, le 24 septembre suivant, et authentiqué par Mgr Paris, S. J., Vicaire apostolique de Nankin.

La troisième guérison fut obtenue à New-York. Le 5 septembre 1925, le jeune John de Vita, fils d'une des femmes italiennes qui se réunissent chez les Auxiliatrices, fut renversé par une automobile et eut la jambe droite cassée. A l'hôpital, où on la lui mit dans le plâtre, on constata que deux os étaient brisés. Au bout de quelques semaines, la fracture n'étant pas réduite, on renouvelait le plâtre et le malade sortait de l'hôpital

avec des béquilles et le pied flottant. Le 5 décembre, la
radiographie enregistrait : « Évidence d'anciennes frac-
tures, il y a un commencement de formation calleuse,
mais les os chevauchent les uns sur les autres. » Un
second chirurgien consulté, déclarait l'opération
urgente, sans d'ailleurs en garantir le succès, et se
réservait exclusivement les soins à donner au blessé.
Le 5 janvier 1926, nouvelle radiographie à deux
reprises : « fracture des os; les fragments inférieurs
sont déplacés, en haut, au dehors et en avant. » La mère
du blessé, qui a entendu raconter l'histoire de la guérison de Marie-Josèphe Fong, veut s'opposer à l'opération
et engage son fils à recourir à la Mère de la Providence;
John répond : « Je n'ai jamais entendu dire que les
saints peuvent rattacher les os... » La pauvre mère,
elle, prie ardemment et, après s'être confessée et avoir
communié aux intentions de la Servante de Dieu, elle
va, cédant au désir de son autre fils, consulter, avant
l'opération, un troisième chirurgien. Celui-ci examine
le blessé : « Ce garçon n'a rien, dit-il à la mère, pourquoi voulez-vous le faire opérer?... » et il refuse même
de voir les épreuves radiographiques et le certificat du
précédent docteur : « Cette jambe, affirme-t-il, n'a
absolument rien, sinon les nerfs un peu engourdis par
le plâtre; il faut qu'il marche!... » Et, sur-le-champ, il
fait exécuter au blessé des exercices de gymnastique et
lui ordonne de marcher et de travailler. Depuis, nulle
trace de mal ne s'est laissé apercevoir.

La cause de béatification de la Mère de la Providence
suscite, chez tous ceux qui connaissent la Servante de

Dieu par sa vie ou par son œuvre, un vif intérêt. Ses images, distribuées en grand nombre, sont l'occasion de maintes faveurs spirituelles et temporelles. Celle envers qui Dieu fut ici-bas si prodigue doit être puissante au ciel pour nous obtenir les grâces et les dons qui font les Saints.

TABLE

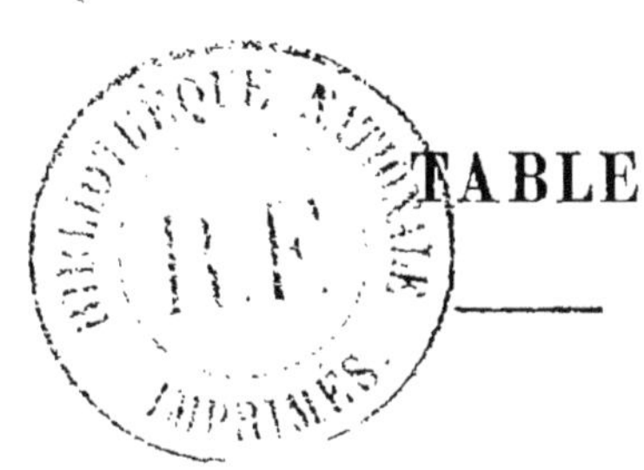

Typographie Firmin-Didot et Cie. — Paris. — 1928.

TYP. FIRMIN-DIDOT & Cⁱᵉ
PARIS - 1926